Guitar Collection

30 Famous Pieces from Carulli to Tárrega
30 Berühmte Stücke von Carulli bis Tárrega
30 Pièces célèbres de Carulli à Tárrega

for Guitar
für Gitarre
pour Guitare

Compiled by
Zusammengestellt von
Compilé par
Harald Hense and/und Ulla Wedekind

ED 9694
ISMN M-001-13615-0

www.schott-music.com

SCHOTT

Mainz · London · Madrid · New York · Paris · Prag · Tokyo · Toronto

Contents / Inhalt / Sommaire

Etude

Fernando Sor
1778–1839

Hinweise zum Üben:
Kombiniertes Spiel, Oberstimme anlegen (apoyando) und Mittelstimme nicht anlegen (tirando), z.B. ab Takt 9, 17 usw.

Directions for practising:
combinyd playing, sustain upper part (apoyando) and do not suatain middle part (tirando), e.g. from bar 9, 17 etc.

Indications pour l'exercice:
jeu combiné, voix supérieure apoyando et voix médiane tirando, par example à partir de la mesure 9, 17 etc.

No. 1 from/aus: F. Sor, 24 Etüden op. 35, GA 81
Edited by/Herausgegeben von Dieter Kreidler

Allegro
The Butterfly
Der Schmetterling

Mauro Giuliani
1781–1829

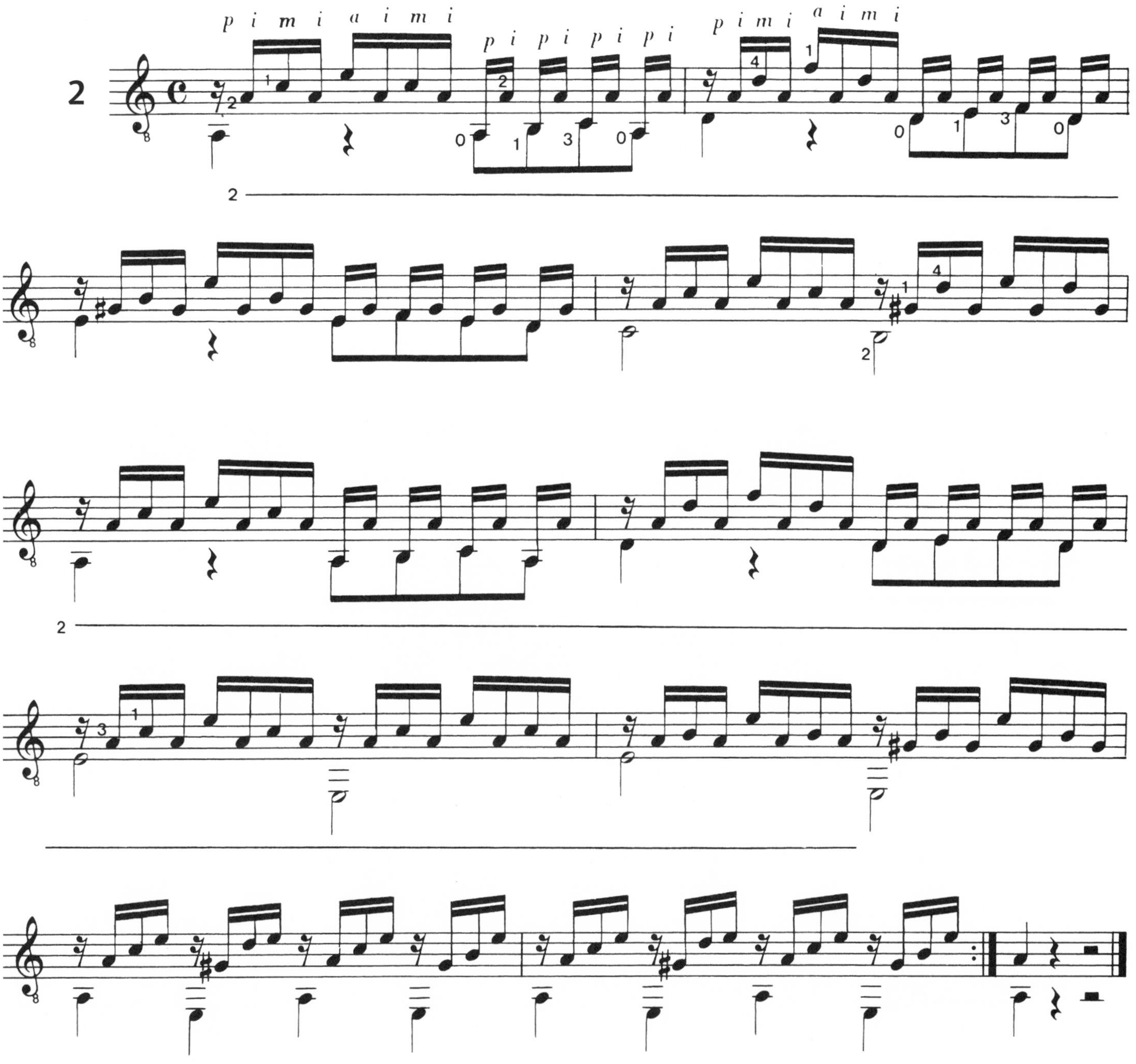

No. 13 from/aus: M. Giuliani, The Butterfly/Der Schmetterling, GA 48
Edited by/Herausgegeben von Grant Gustafson

Walzer

op. 121 No. 1

Ferdinando Carulli
1770–1841

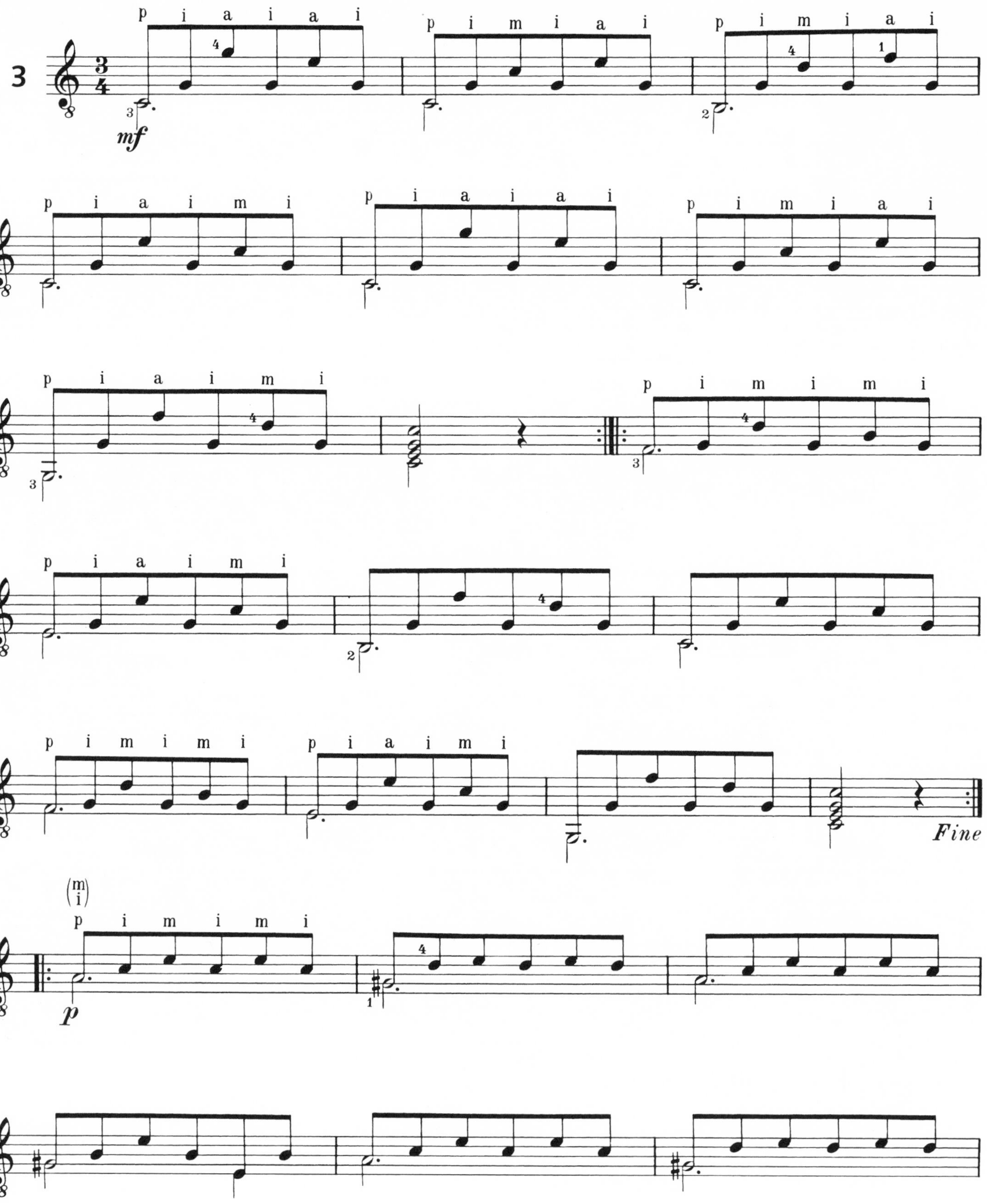

No. 3 from/aus: F. Carulli, Carulli-Brevier Band I, Schott GA 27
Edited by/Herausgegeben von Dieter Kreidler

Verschiedene Ausführungen/Different realisations/Différents procédés d'exécution:
Geschlossener Anschlag/Uniform attack/Touche simultanée

Andante

Ferdinando Carulli
1770–1841

4

No. 9 from/aus: F. Carulli, Easy Pieces for Beginners/Sehr leichte Stücke für den Anfangsunterricht, GA 67
Edited by/Herausgegeben von Walter Götze

Etude

Dionisio Aguado
1784–1849

5

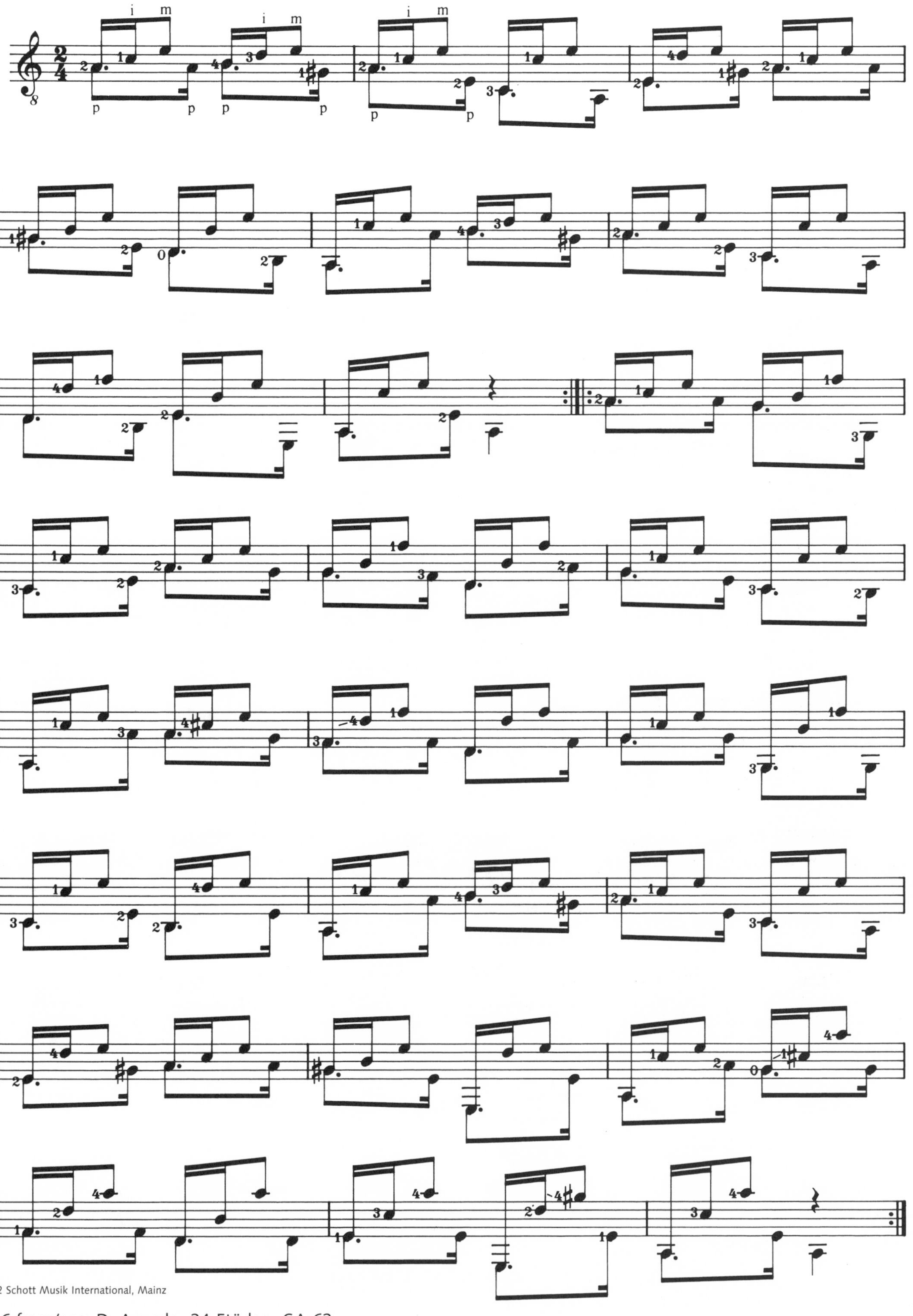

No. 6 from/aus: D. Aguado, 24 Etüden, GA 62
Edited by/Herausgegeben von Hans Michael Koch

Etude

Matteo Carcassi
1792–1853

No. 1 from/aus: M. Carcassi, 12 Easy Pieces/12 leichte Stücke op. 10, GA 73
Edited by/Herausgegeben von Walter Götze

Passemeze

Adrian Le Roy
c. 1520–1598

7

from/aus: Music of the Renaissance/Musik der Renaissance, GA 442
Edited by/Herausgegeben von Konrad Ragossnig

Rondo

Ferdinando Carulli
1770–1841

No. 26 from/aus: F. Carulli, Carulli-Brevier Band I, GA 27
Edited by/Herausgegeben von Dieter Kreidler

a
i m
a
f

a i p i p i a i

a m i
m i m i
a i p i

p m p m

i m i a
f

a m i
a
m
i
p

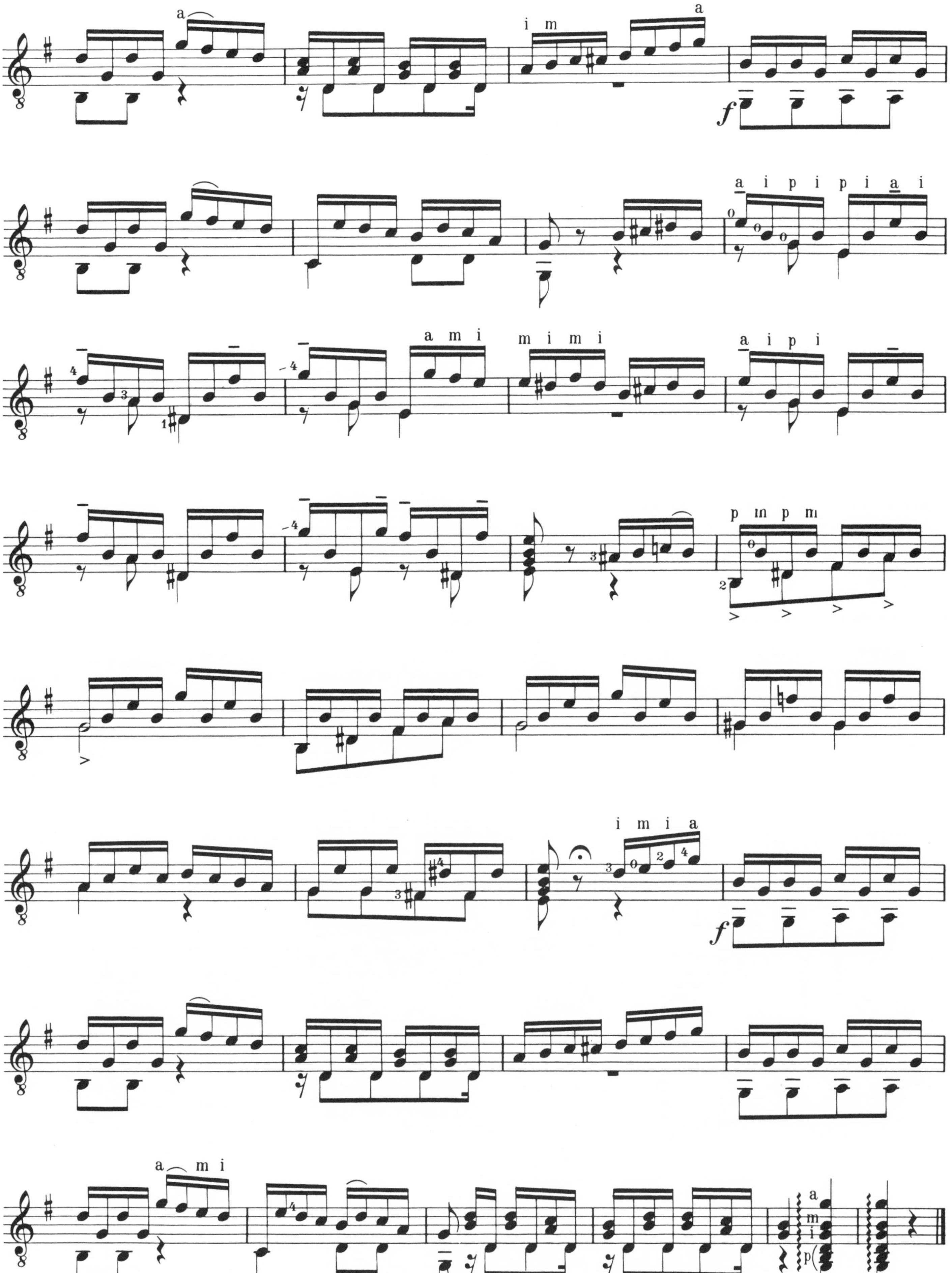

Siciliana

op. 121 No. 15

Ferdinando Carulli
1770–1841

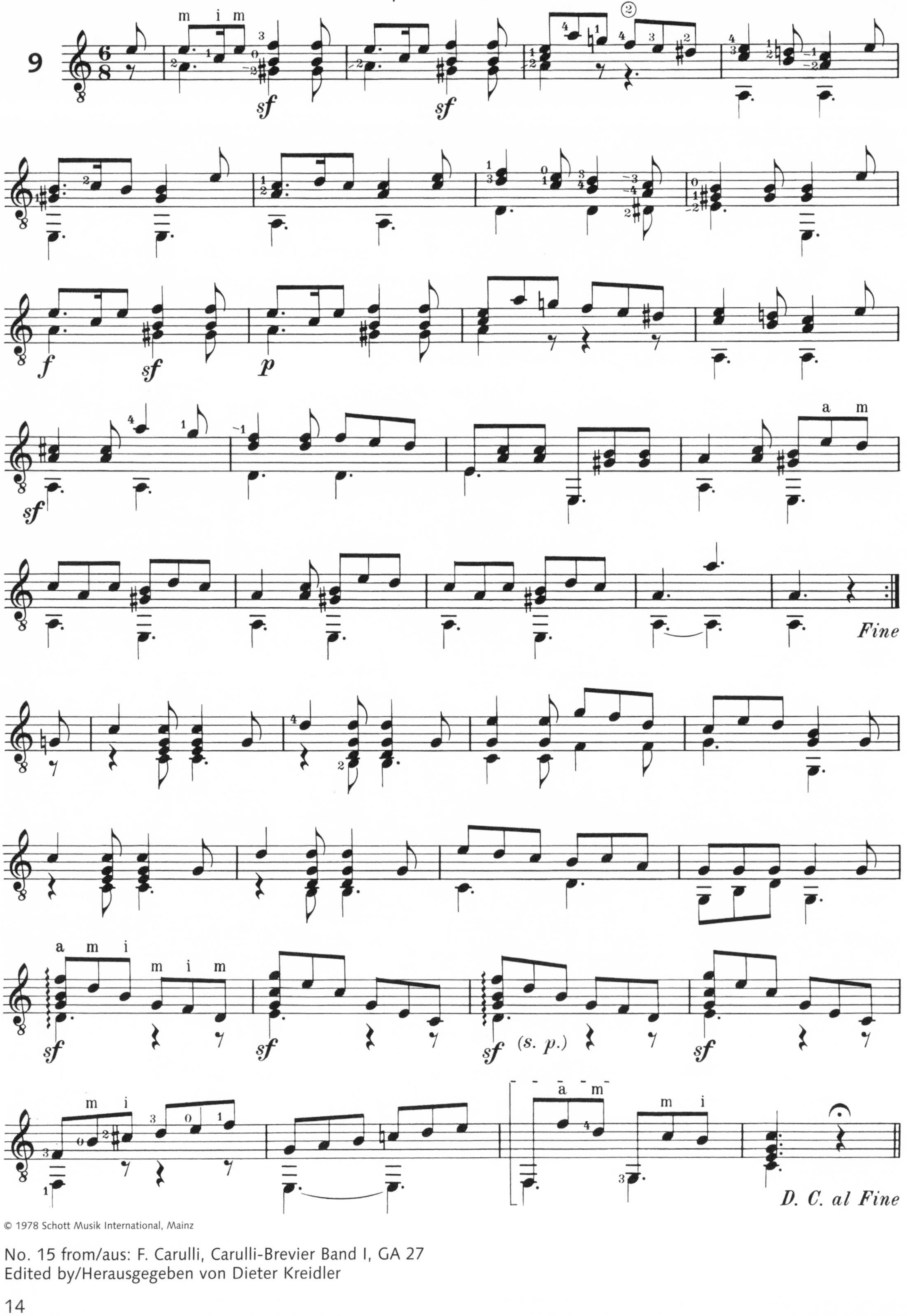

No. 15 from/aus: F. Carulli, Carulli-Brevier Band I, GA 27
Edited by/Herausgegeben von Dieter Kreidler

Etude

Francisco Tárrega
1852–1909

10

from/aus: 3 Spanish Solo Pieces/3 spanische Solostücke, GA 448
Edited by/Herausgegeben von Dieter Kreidler

Adagio

Johann Kaspar Mertz
1806–1856

11

from/aus: An Hour with the Guitar/Die Stunde der Gitarre Band II, GA 20
Edited by/Herausgegeben von Walter Götze

Studie

Johann Kaspar Mertz
1806–1856

12

from/aus: An Hour with the Guitar/Die Stunde der Gitarre Band II, GA 20
Edited by/Herausgegeben von Walter Götze

Welscher Tanz „Wascha mesa“

aus: „Ein newgeordent künstlich Lautenbuch“
„Der erste Teil für die anfahrenden Schüler 1536“

Hans Neusidler
1508–1563

13

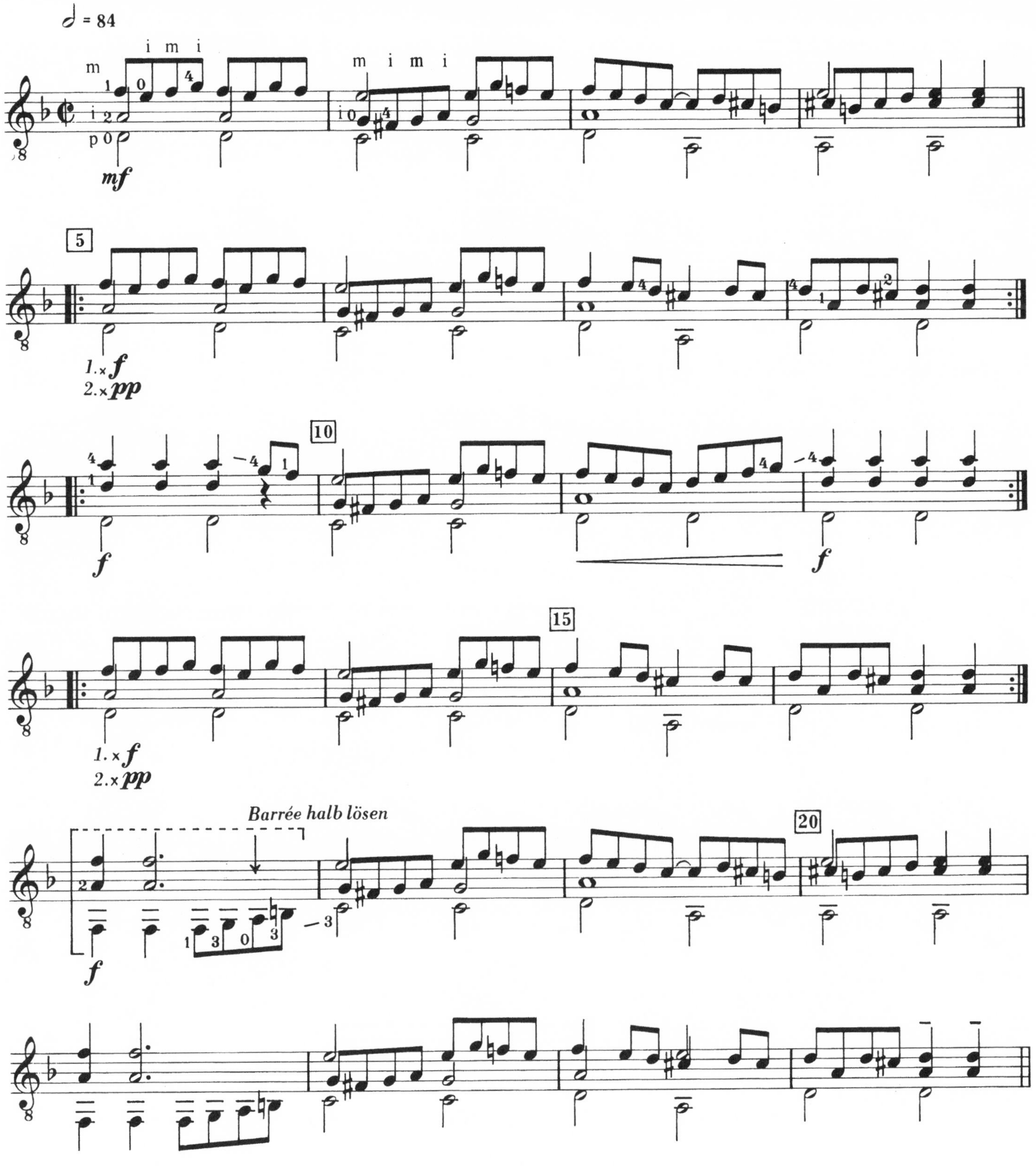

from/aus: Alonso Mudarra u. Hans Neusidler, 2 Renaissance Pieces/2 Renaissance-Stücke, GA 441
Edited by/Herausgegeben von Dieter Kreidler

Der Hupff auff 𝅗𝅥 = 𝅗𝅥.

Praeludium

from/aus opus 103

Anton Diabelli
1781–1858

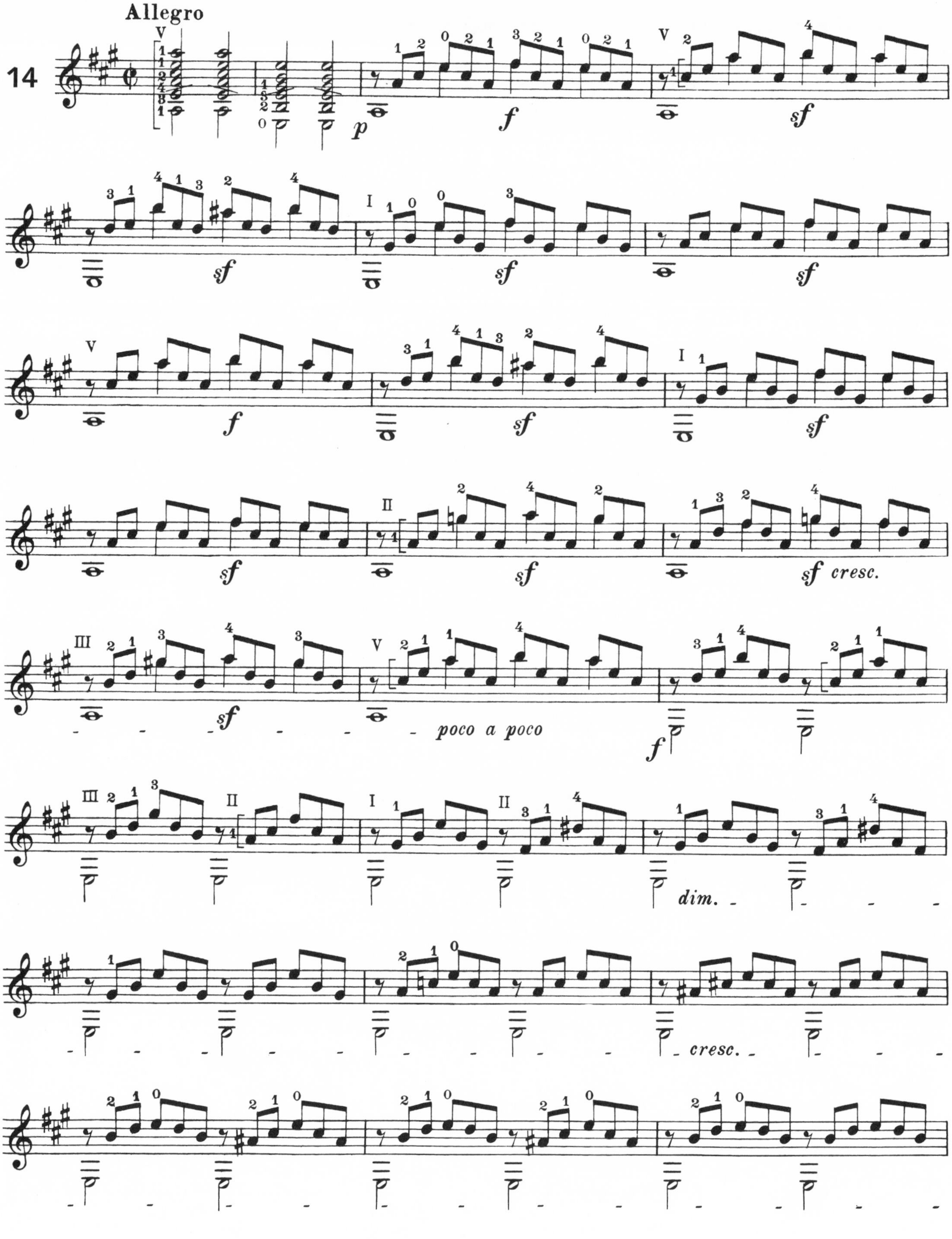

f

pp

cresc.
f

p
f
p

f
ff
sf
sf

sf
dim.

p
pp rall.
ff

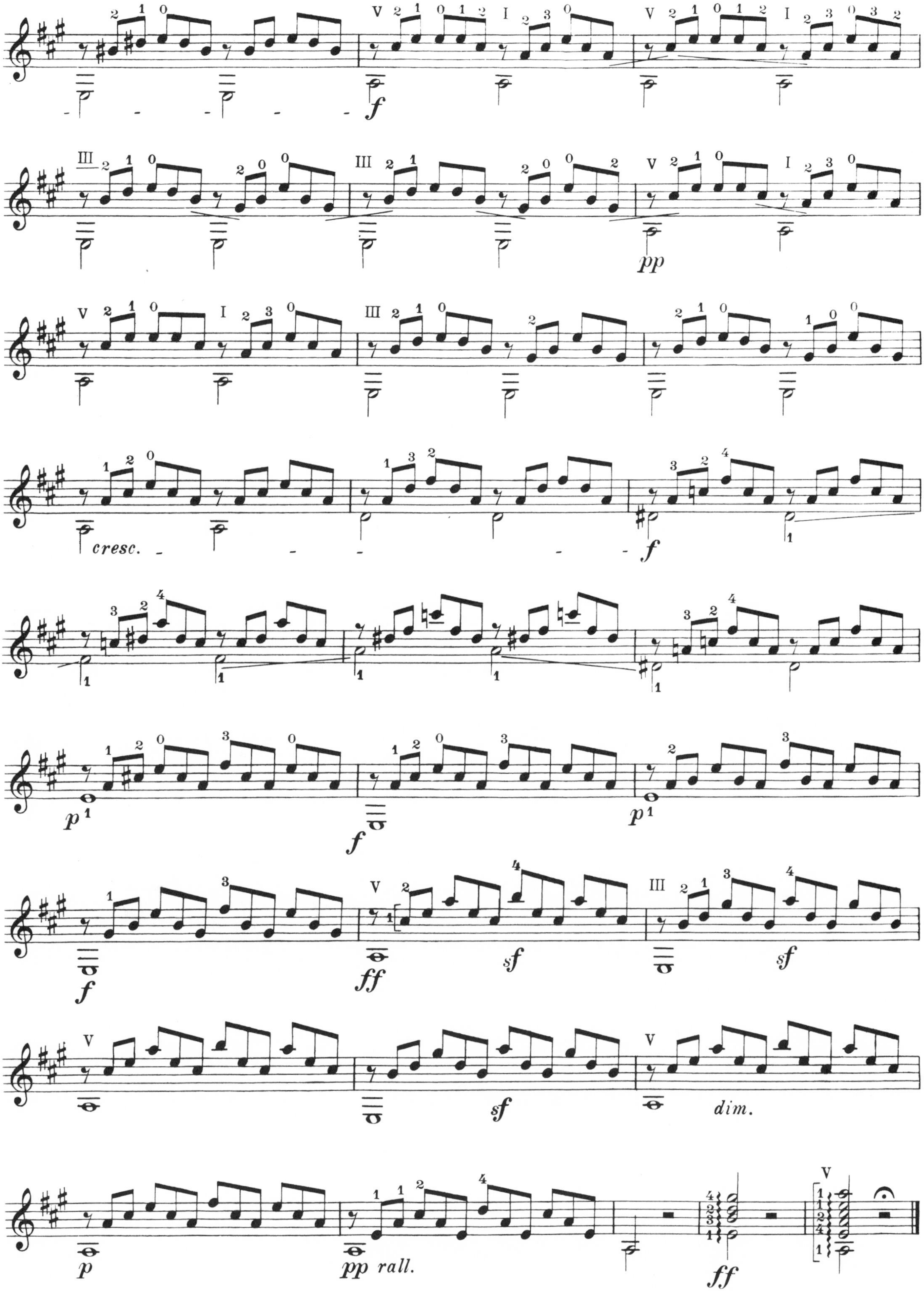

Kemp's Jig

Anonymus

15

from/aus: Music of the Renaissance/Musik der Renaissance, GA 442
Edited by/Herausgegeben von Konrad Ragossnig

Etude

Fernando Sor
1778–1839

No. 17 from/aus: F. Sor, 24 Etüden op. 35 Band II, GA 82
Edited by/Herausgegeben von Dieter Kreidler

Caprice

Matteo Carcassi
1792–1853

17

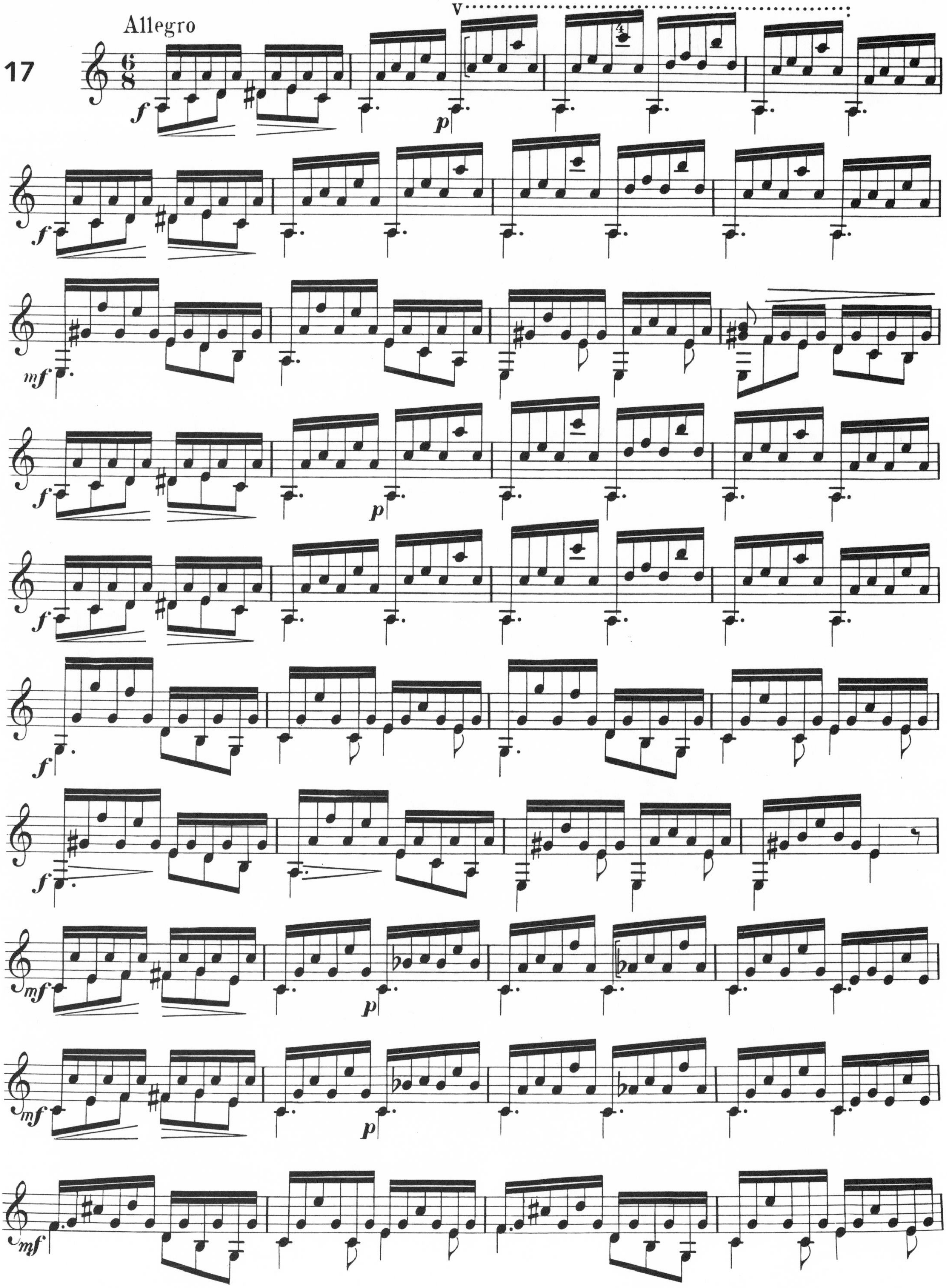

No. 4 from/aus: M. Carcassi, 6 Capricen, GA 72

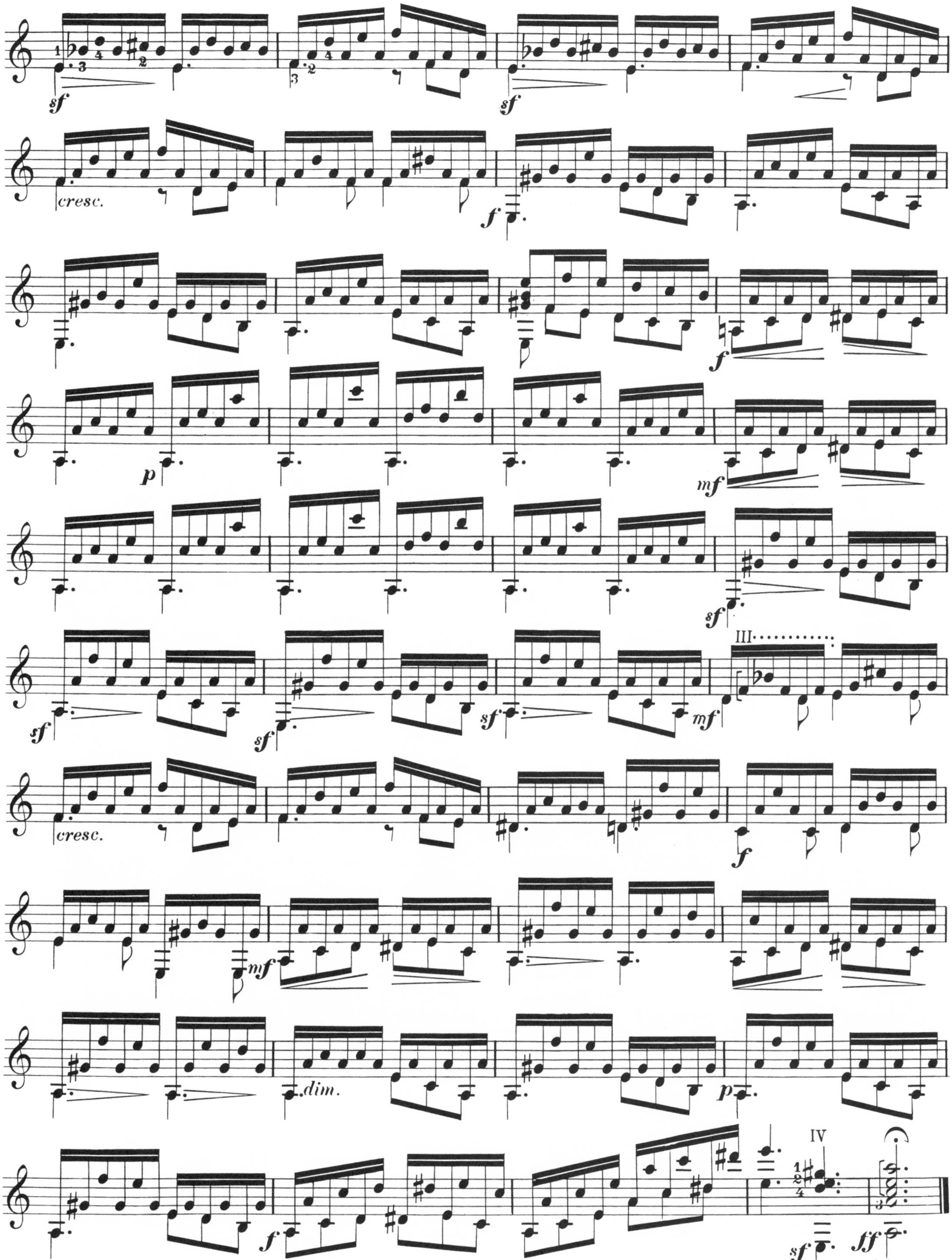
sf
cresc.
f
p
mf
III
dim.
IV
ff

Capriccio

Matteo Carcassi
1792–1853

No. 11 from/aus: M. Carcassi, Carcassi-Brevier Band II, GA 4-02
Edited by/Herausgegeben von Hans Michael Koch

p m
p i
p m
p i
p m
p i
III
f
p
f
p i a i a i
III
III
p
pp
III
pp
p i m i p m
f

Capriccio

Matteo Carcassi
1792–1853

No. 11 from/aus: M. Carcassi, Carcassi-Brevier Band II, GA 4-02
Edited by/Herausgegeben von Hans Michael Koch

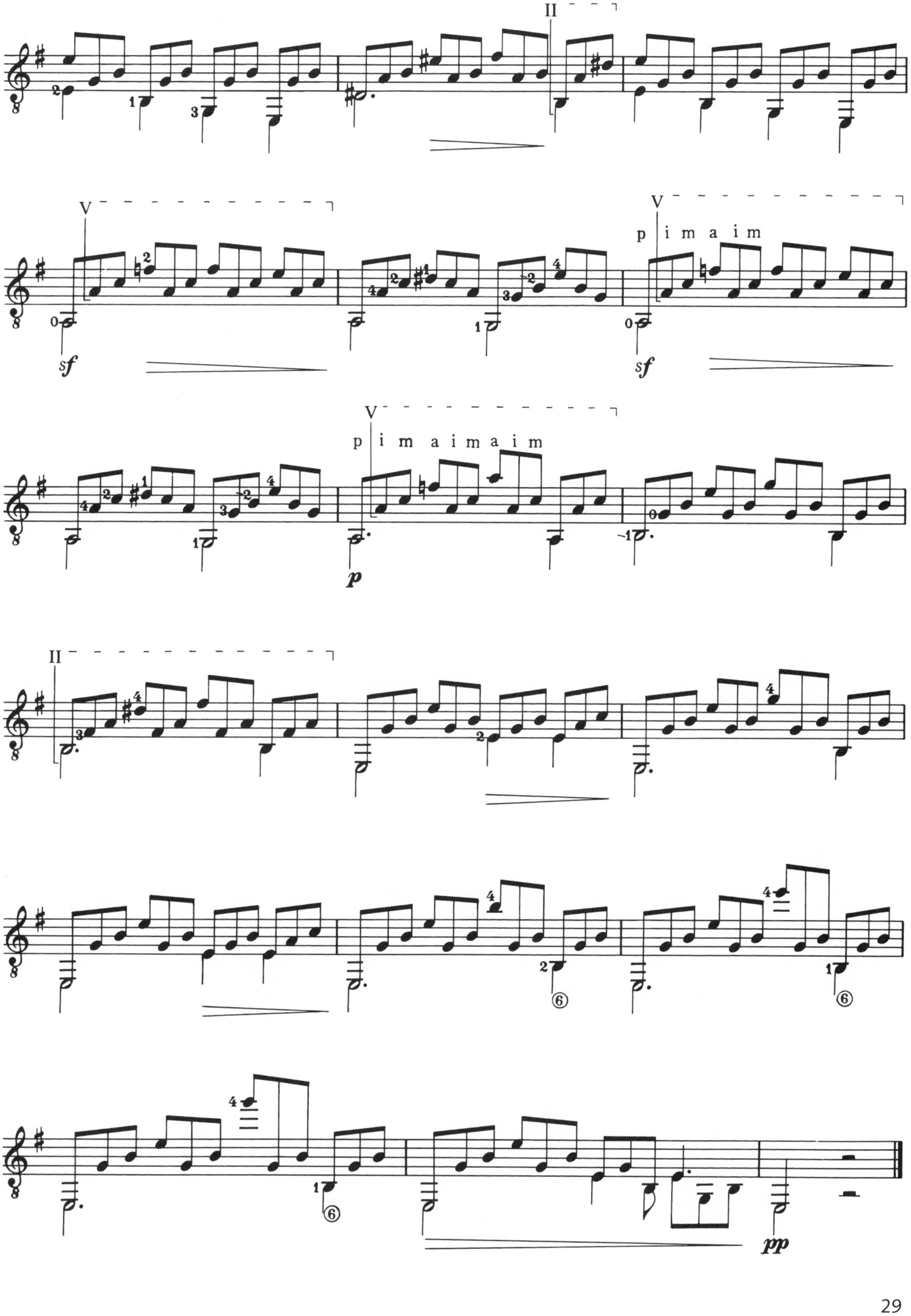
II
V
p i m a i m
sf
V
p i m a i m a i m
p
II
pp

Lágrima [1)]

Francisco Tárrega
1852–1909

20

[1)] spanisch = Träne [1)] spanish = tear [1)] espagnol = larme

D. C. al Fine

from/aus: 3 Spanish Solo Pieces/3 spanische Solostücke, GA 448
Edited by/Herausgegeben von Dieter Kreidler

Mélancolie

Napoleon Coste
1806–1883

No. 9 from/aus: N. Coste, The Guitarist's Recreation/Zur Erholung, GA 13
Edited by/Herausgegeben von Georg Meier

Bagatelle

Heinrich Marschner
1795–1861

No. 8 from/aus: H. Marschner, 12 Bagatellen, GA 41
Edited by/Herausgegeben von Walter Götze

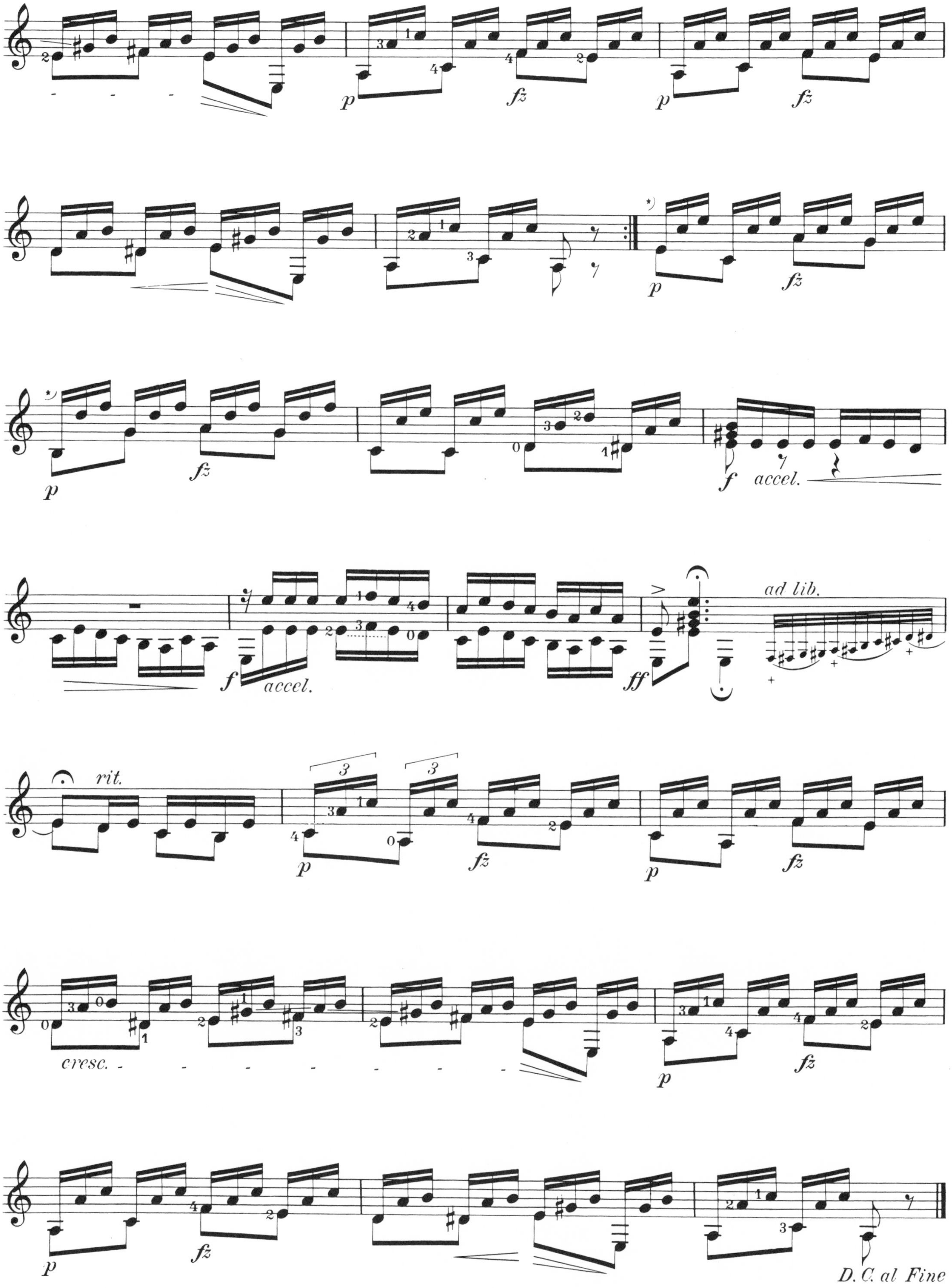
accel.
accel.
ad lib.
rit.
cresc.
D. C. al Fine

Saltarello

Anonymus
(16th century/16. Jahrhundert)

23

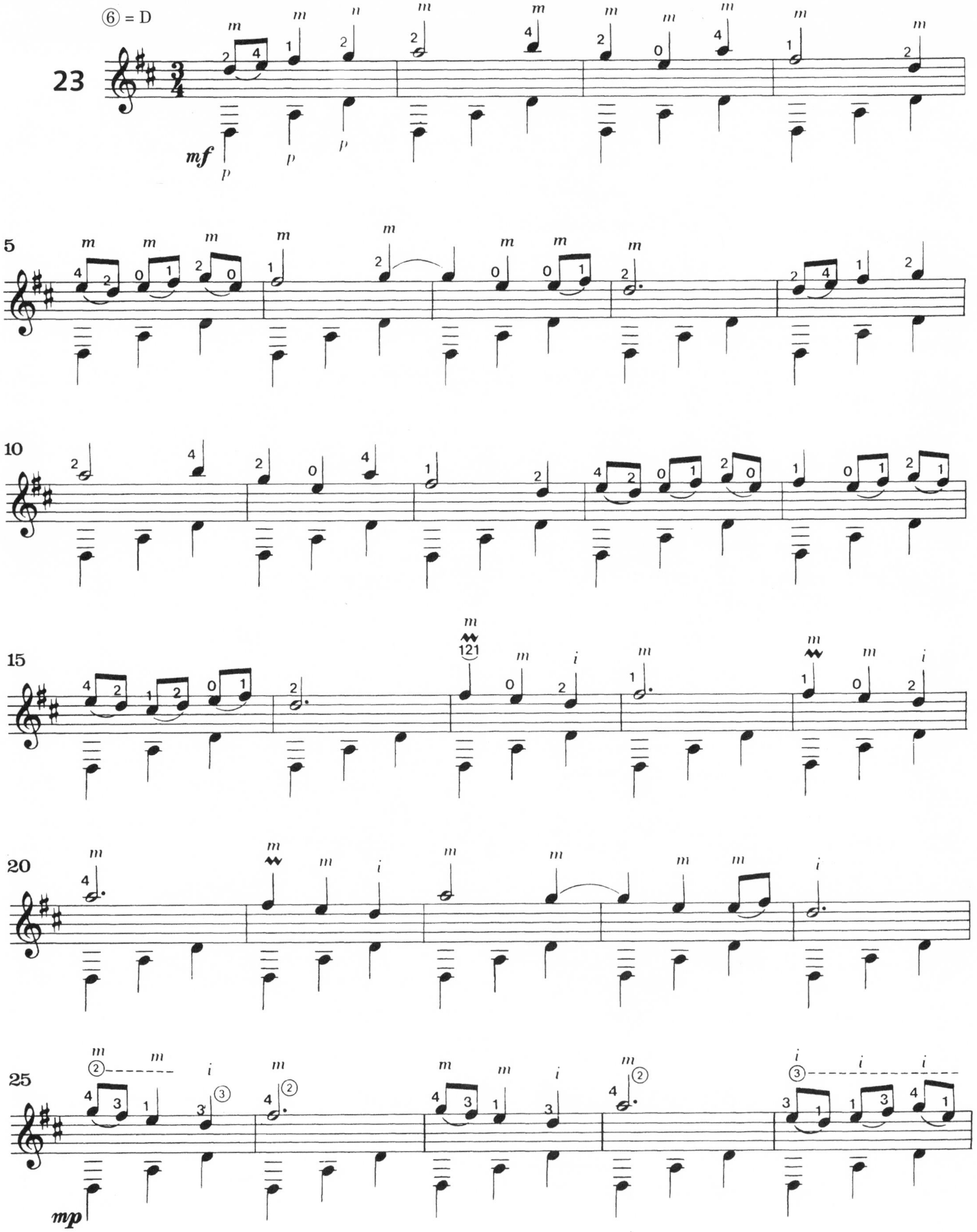

Edited by/Herausgegeben von Narciso Yepes

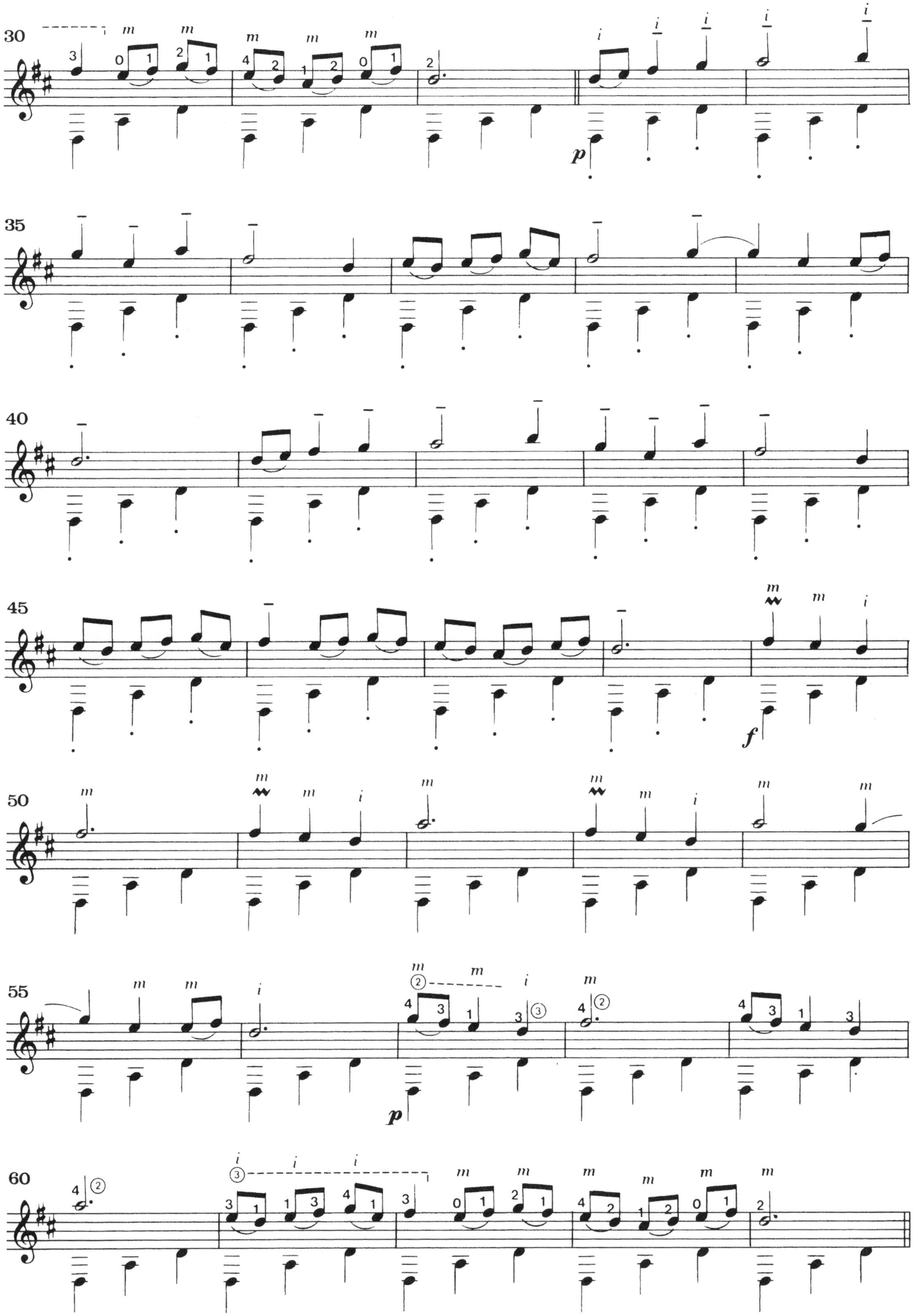
30
35
40
45
50
55
60

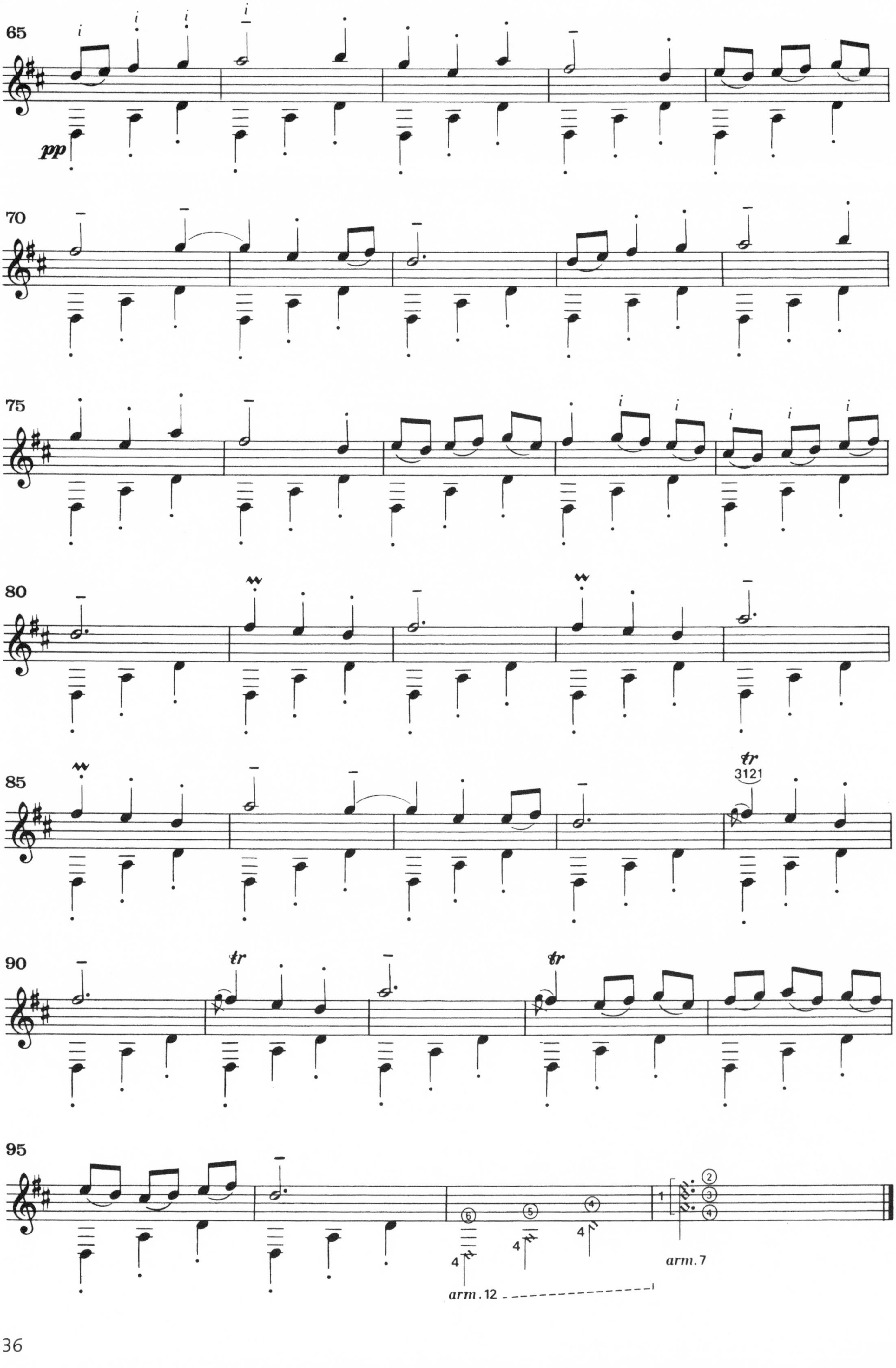
65
pp
70
75
80
85
tr
3121
90
tr
tr
95
arm. 12
arm. 7

Sonata facile

Leonhard von Call
1767–1815

24

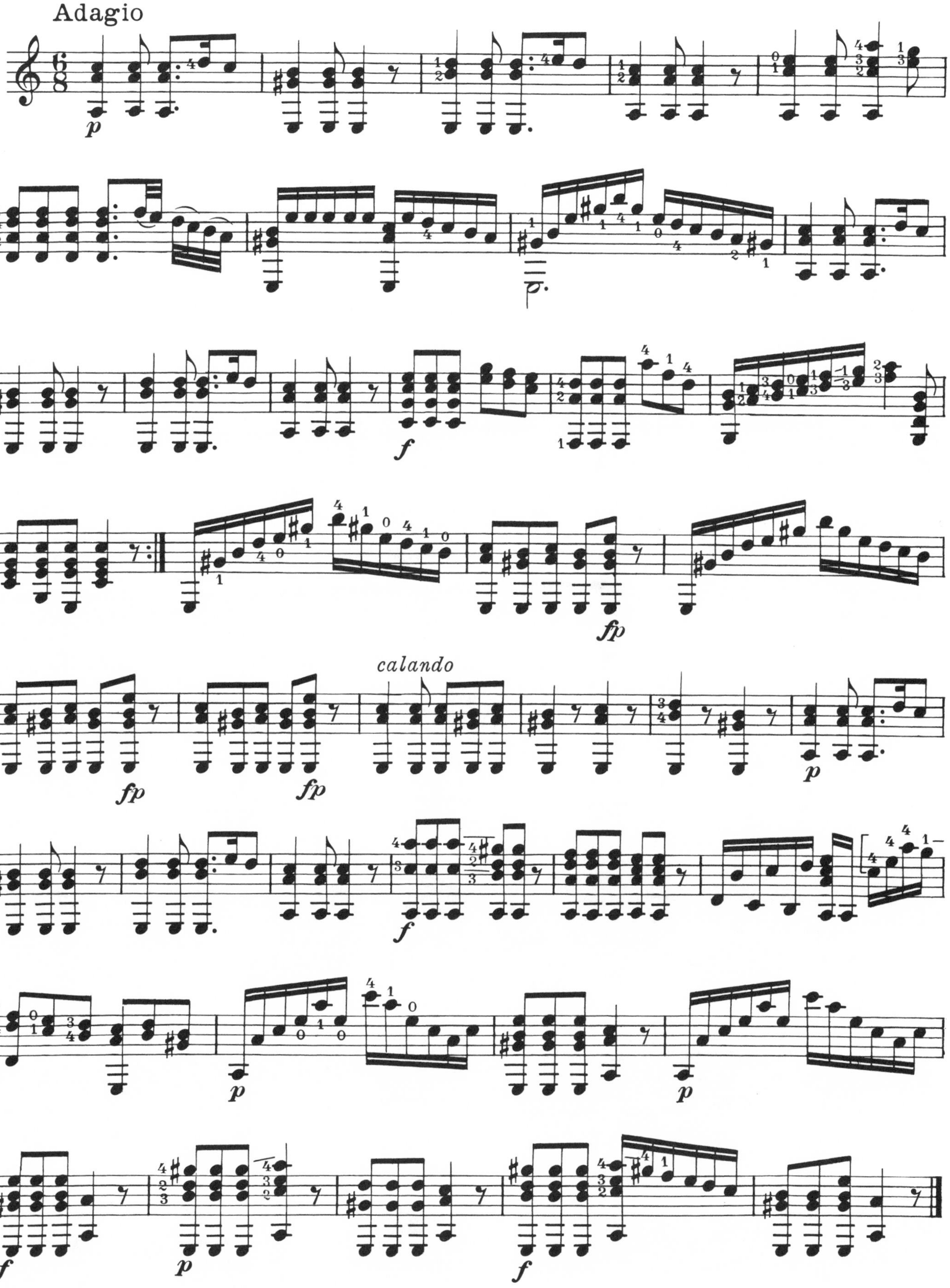

from/aus: An Hour with the Guitar/Die Stunde der Gitarre, Band II, GA 20
Edited by/Herausgegeben von Walter Götze

Menuett
Con moto
calando
rit.
a tempo
Trio
Menuett D.C.

Andantino
p
f
mf
fp

Rondo

Fernando Sor
1778–1839

25

No. 18 from/aus: An Hour with the Guitar/Die Stunde der Gitarre Band III, GA 21
Edited by/Herausgegeben von Walter Götze

I
2
VII
cresc.
fz
f

Etude

opus 35/19

Fernando Soor
1778–1839

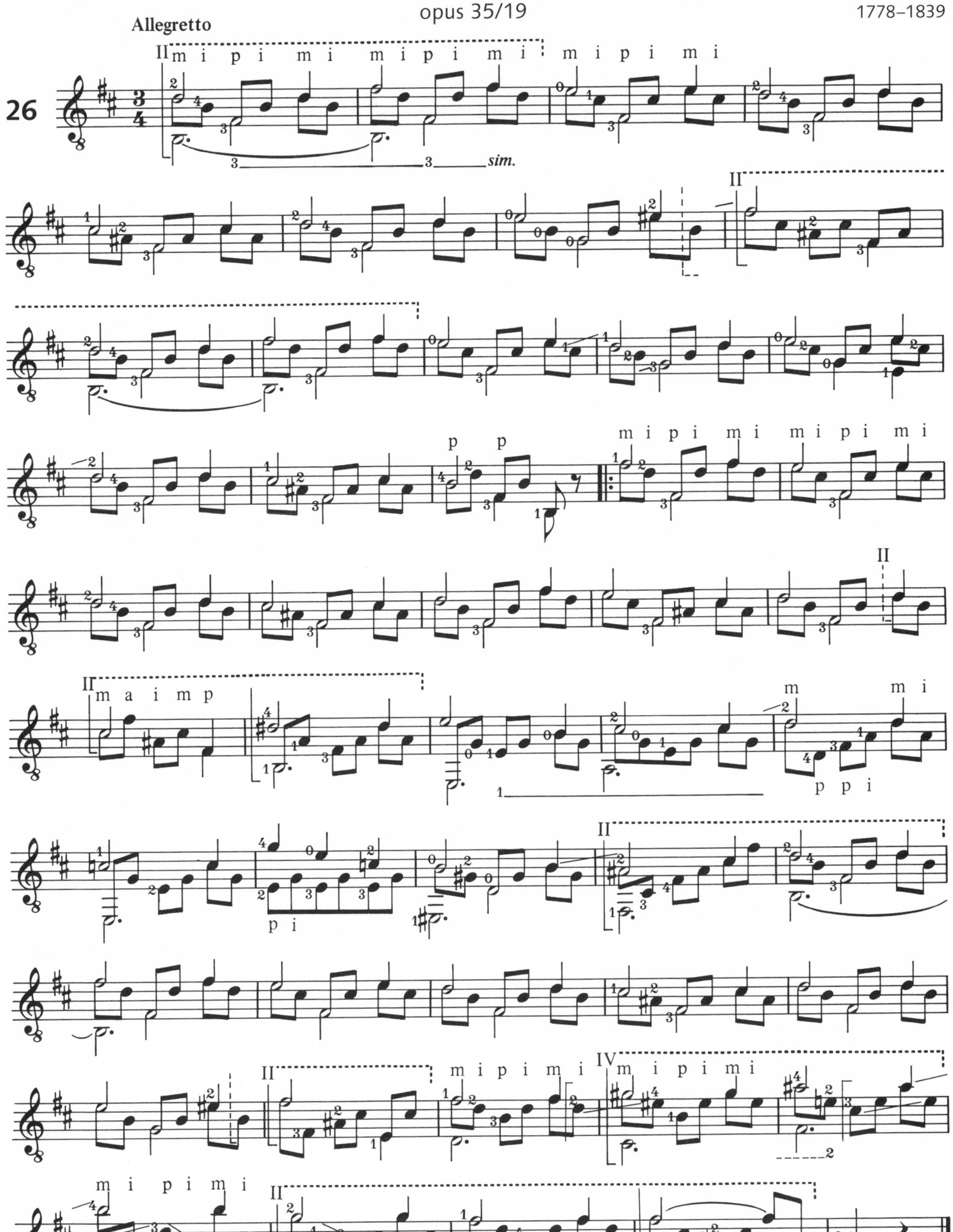

No. 19 from/aus: 24 Studies opus 35, Vol. 2, GA 82
Edited by/Herausgegeben von Dieter Kreidler

Spanish Romance

Spanische Romanze

Anonymus
(about/um 1800)

from/aus: 3 Spanish Solo Pieces/3 Spanische Solostücke, GA 448
Edited by/Herausgegeben von Dieter Kreidler

II
VII
IX
V
II
1.
2.
rit.

a tempo
V
VII
rit.
accel.
XII

Study/Studie

Mauro Giuliani
1781–1829

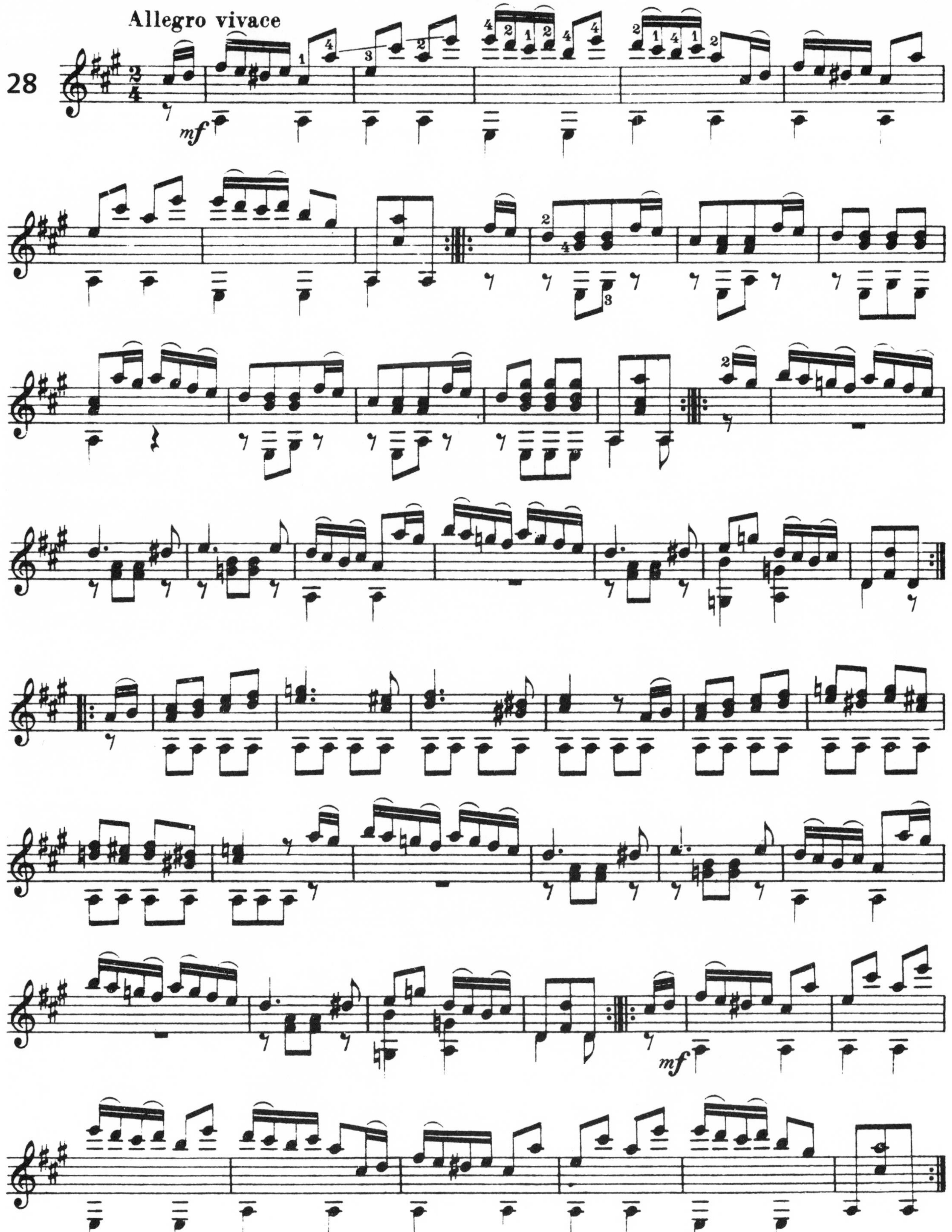

No. 11 from/aus: M. Giuliani, Selected Studies/Ausgewählte Studien, op. 111, Volume 2, GA 59
Edited by/Herausgegeben von Josef Zuth

Grazioso

Mauro Giuliani
1781–1829

29

No. 23 from/aus: The Butterfly / Der Schmetterling, GA 48
Edited by/Herausgegeben von Grant Gustafson

Sonata

op. 6

Francesco Molino
1775–1847

30

No. 1 from/aus: F. Molino, 3 Sonatas/3 Sonaten, GA 49
Edited by/Herausgegeben von Walter Götze

con espress.
con espress.

Andante

RONDO

Cantabile non tanto allegro

con espress.
p ritard.
a tempo
VII

Gitarrenmusik alter Meister
Guitar Music of Old Masters
Musique pour guitare de grands maîtres

Auswahl für Gitarre solo
Selected works for solo guitar
Œuvres choisies pour guitare solo

Emanuel Adriaenssen
Canson Englesa
Allemande de court
(Yepes)
GA 613

Dionisio Aguado
Allegro und Allegro Vivace
GA 301

Anonymous (11. Jahrh.)
Irish Marsh
(Yepes)
GA 603

Anonymous (16. Jahrh.)
Saltarello
(Yepes)
GA 606

Anthology of Baroque Sonatas
by Bach, Cimarosa, Seixas and Soler
(Burley)
ED 12481

Johann Sebastian Bach
Cello-Suite Nr. 1
BWV 1007
(Rev. Neuausgabe: Duarte)
GA 213

Chaconne d-Moll
(Segovia)
GA 141

Zwei Choräle
„Wachet auf" und
„Jesus bleibt meine Freude"
(Stingl)
GA 482

Partita a-Moll (BWV 1013)
(Reichenbach)
GA 525

Prélude et Fugue D-Dur
(Segovia)
GA 145

Sarabande h-Moll
(Segovia)
GA 171

Sarabande et double
h-Moll BWV 1002
(Yepes)
GA 602

3 Sonaten
(I g-moll BWV 1001/
II a-moll BWV 1003/
III C-Dur BWV 1005)
Nach den Sonaten für Violine Solo
bearbeitet (Barrueco)
GA 535

Suite E-Dur BWV 1006 a
(Ragossnig)
GA 456

Valentin Bakfark
Fantasien 8, 9, 10
(Kováts)
GA 98

Jean-Baptiste Besard
Branle aus
„Thesaurus Harmonicus 1603"
(Tonazzi)
GA 408

Vous me juriez, Bergère
(Pujol)
GA 1062

Heinrich Ignaz Franz Biber
Passacaglia
(Kreidler)
GA 471

Antonio de Cabezon
Duos I, II, III und IX
aus „Obras de Musica"
(Pujol)
GA 2009

Fabordon del quarto tono
(Pujol)
GA 1072

John Dowland
Anthology of Selected Pieces
(Burley)
ED 12393

Fantasia No. 7
(Hinojosa)
GA 229

Sieben Stücke
(Poulton)
GA 211

Girolamo Frescobaldi
Aria con Variazioni Detta
„La Frescobaldia"
(Segovia)
GA 157

Fünf Stücke
(Segovia)
GA 158

Galliards and Airs
5 altenglische Lautenstücke
(Kreidler)
GA 464

Gitarrenspiel Alter Meister
Originalmusik des 16. und
17. Jahrhunderts
(Zanoskar)
ED 4620

Georg Friedrich Händel
8 Aylesforder Stücke
(Segovia)
GA 148

Hispanae Citharae Ars Viva
Eine Sammlung ausgewählter
Gitarrenmusik
aus alten Tabulaturen
(Pujol)
GA 176

David Kellner
Aria and Fantasia D-Dur
(Yepes)
GA 611

Joseph Küffner
25 Leichte Sonatinen,
op. 80
(Götze)
GA 7

Johann Kasper Mertz
Drei Stücke
(Kreidler)
GA 477

Luis Milan
Six Pavans
(Yepes)
GA 604

Francesco Molino
18 Präludien
(Götze)
GA 38

3 Sonaten, op. 6
(Götze)
GA 49

Niccoló Paganini
2 Sonatas for guitar
(Barrueco)
GA 541

Zwei Renaissance-Stücke
Mudarra: Fantasie /
Neusidler: Welscher Tanz
(Kreidler)
GA 441

Thomas Robinson
Four Sacred Songs
(Yepes)
GA 607

Ludovico Conte Roncalli
Suite a-Moll
(Kennard)
GA 800

Kaspar Sanz
Canarios
(Pujol)
GA 1035

Espanoleta
(Pujol)
GA 1049

Domenico Scarlatti
4 Sonaten
(Barrueco)
GA 521

Fünf Stücke
(Duarte)
GA 228

Juan Antonio Vargas y Guzmán
13 Sonaten
(Alcázazar)
GA 523

Paolo Virchi
Tänze, Canzonen und Phantasien
(Brodszky)
ED 6429

Robert de Visée
Gavotte, Bourée und Menuett
(Pujol)
GA 1064

Gitarrenstücke 1686
(Giesbert)
GA 223

Sylvius Leopold Weiss
Anthology of Selected Pieces
(Burley)
ED 12320

Fantasie
(Kennard)
GA 89

Zwei Menuette
(Kreidler)
GA 452

Ouverture in A
(Kennard)
GA 97

Suite in A
(Brojer)
GA 462

SCHOTT
www.schott-music.com

Zeitgenössische Musik für Gitarre
Contemporary Guitar Music
Musique contemporaire pour guitare

Gitarre solo
Guitar solo
Guitare seule

Isaac Albéniz
Asturias (Leyenda)
GA 445
Granada
aus Suite Española No. 1
GA 434
Sevilla
aus Suite Española No. 3
GA 433
Tango, op. 165/2
GA 154
Torre Bermeja
(Serenata, op. 92/12)
GA 447
Zambra granadina
GA 446

Augustín Barrios Mangoré
18 Concert Pieces
Band 1/2
ED 12370/1

Gustavo Becerra-Schmidt
III. Sonata
GA 497

Frank Michael Beyer
Canzonetta
GA 468

Cesar Bresgen
Malinconia
GA 238

Léo Brouwer
Tres Apuntes
GA 426
Canticum
GA 424
Danza caracteristica para el „Quitate de la Acera“
GA 422
Elogio de la Danza
GA 425
La Espiral eterna
GA 423

Mario Castelnuovo-Tedesco
Rondo e-Moll, op. 1/29
GA 168
Sonata
(Omaggio a Boccherini)
GA 149
Suite, op. 133
GA 169
Tonadilla auf den Namen Andrés Segovia, op. 170/5
GA 191
Variations à travers les siècles
GA 137

Miguel Angel Cherubito
Suite Popular Argentina
GA 618

Petr Eben
Tabulatura nova
GA 501

Paul Fetler
Four Movemens
GA 428
Five Pieces
GA 99

Jean Françaix
Serenata
GA 495

Hans Werner Henze
Drei Märchenbilder
GA 480
Royal Winter Music
2 Sonaten
GA 467/473

Peter Hoch
Parabeln
GA 469

Felix Horetzky
Fantasie (Etüde), op. 14
GA 478

Barna Kovàts
Minutenstücke
GA 413

Antonio Lauro
Suite
Homenaje e John Duarte
GA 483

Miroslav Miletić
Kroatische Suite
GA 437

Frederico Moreno-Torroba
Air de la Mancha
GA 235
Burgalesa
GA 113
Nocturno
GA 103
Pièces caractéristiques
Heft 1/2
GA 133/4
Preludio
GA 114
Serenata burlesca
GA 115
Suite castellana
GA 104

Manuel M. Ponce
Tres canciones populares mexicanas
GA 111
Estudio
GA 131
Cuatro Piezas para Guitarra
GA 519
12 Préludes
GA 340
Sonata III
GA 110
Sonata meridional
GA 151
Sonata romántica
(Hommage à Schubert)
GA 123
Valse
GA 153
Variations sur „Folia de Espana“ et Fugue
GA 135

Hermann Reutter
Abendangelus und Bolero-Fandango
GA 502
Cinco Caprichos sobre Cervantes
GA 487
Fantasiestücke aus op. 28
GA 500
Die Passion in 9 Inventionen, op. 25
GA 488

Joaquín Rodrigo
Tres piezas españolas
GA 212
Tríptico
GA 492
Un tiempo fue Itálica famosa
GA 515

Andrés Segovia
Estudio sin luz
GA 179
Estudios
GA 178

Reginald Smith-Brindle
Danza Pagana
ED 11453
Etruscan Preludes
ED 11458
Fuego fatuo
ED 11454
Four Poems of Garcia Lorca
ED 11368
El Polifemo de Oro
ED 11846
Sonata No. 4 „La Brevé“
ED 11424

Bruno Szordikowski
Stimmungsbilder
ED 7128

Alecandre Tansman
Cavatine
GA 165
Danza Pomposa
GA 206
Mazurka
GA 116

Michael Tippett
The Blue Guitar
ED 12218

Joaquín Turina
Fandaguillo, op. 36
GA 102
Hommage à Tárrega, op. 69
GA 136
Miniaturas
GA 496
Ràfaga, op. 53
GA 128
Sonatina, op. 61
GA 132

Alfred Uhl
Sonata classica
GA 164

Pēteris Vasks
Die Sonate der Einsamkeit
GA 526

Friedrich Wanek
Zehn Essays
GA 1438

Friedrich Zehm
Musica notturna
GA 476
Sechs Praeludien und Fugen
GA 486

2 Gitarren
2 Guitars
2 Guitares

Isaac Albéniz
Tango, op. 165/2
GA 405

Claude Debussy
Children's Corner
GA 491
Danse bohémienne
GA 460
3 Préludes
GA 522

Fred Harz
Aphorismen
ED 7080

Hans Werner Henze
Minette
GA 538

Paul Hindemith
Rondo
GA 457

Gerhard Maasz
Zehn leichte Stücke
GA 431

Fritz Pilsl
Sieben Duos
ED 7127

Reginald Smith-Brindle
Chaconne and Interludes
ED 11431
The Pillars of Karnak
ED 11432

Gitarre und Orchester
Guitar and Orchestra
Guitare et orchestre

Auszüge für Gitarre und Klavier
Scores for Guitar and Piano
Réductions pour guitare et piano

Cesar Bresgen
Kammerkonzert
GA 226

Mario Castelnuovo-Tedesco
1. Concerto in D, op. 99
GA 166
2. Concerto in C, op. 160
GA 240
Sérénade, op. 118
GA 167

Manfred Kelkel
Zagreber Konzert, op. 19
ED 6498

Joaquín Rodrigo
Concierto de Aranjuez
ED 7242
Concierto para una Fiesta
ED 7289
Fantasia para un gentilhombre
GA 208

SCHOTT
www.schott-music.com